MW01705263

# MAFALDA REVIENT/3

QUINO

DANS LA COLLECTION J'AI LU BD
MAFALDA - 1
ENCORE MAFALDA
... PANORAMA

AUX ÉDITIONS GLÉNAT
MAFALDA
(11 ALBUMS)
... PAS MAL ET VOUS
BIEN CHEZ SOI
Y A UN TRUC
A TABLE
LAISSEZ-MOI IMAGINER
POUR L'HUMOUR DE L'ART
QUINOTHÉRAPIE
PROVISION D'HUMEUR
ÇA VA LES AFFAIRES

QUINO

# Mafalda revient

Adaptation graphique de Max Prouteau

QUINO

FRANCHEMENT, JE CROIS QUE SI LES AMÉRICAINS ET LES RUSSES DISENT QU'ILS VEULENT LE DÉSARMEMENT, C'EST PARCE QU'ILS LE VEULENT!
349
BIEN SÛR, FÉLIPE! ET SI ON TE DIT QUE LES VACHES ONT DES AILES, TU LE CROIS!
ÇA VA!...TU NE CHANGERAS JAMAIS!...

Papa fume sa pipe
IL FAUT ÉCRIRE ÇA?
350
ET À QUOI ÇA SERT DE SAVOIR ÉCRIRE ÇA? JE TE DEMANDE UN PEU?

351
QU'EST-CE QUE ÇA VEUT DIRE, MANOLITO?
je ne sais pas
JE NE SAIS PAS!

QUINO

À QUOI ÇA SERT DE SAVOIR ÉCRIRE QUE QUELQU'UN FUME LA PIPE, ALORS QUE DANS NOTRE PAYS, PRESQUE PERSONNE NE LA FUME ?!
C'EST COMME CELA QUE CEUX QUI ÉTUDIENT DOIVENT PARTIR À L'ÉTRANGER POUR METTRE EN APPLICATION CE QU'ILS ONT APPRIS !
QUINO

TU NE SAIS PAS... CA NE M'ÉTONNE PAS DE TOI!
QUINO

SALUT!
CHHHT!... DOUCEMENT! IL Y A UN MALADE À LA MAISON!
UN MALADE?... TON PÈRE?
NON.
353

PEUT-ÊTRE QUE LA RADIO VA DONNER DE MEILLEURES NOUVELLES DE NOTRE MALADE...
354

352

TA MÈRE, ALORS?
NON PLUS.
ÇA VA DE PLUS EN PLUS MAL.
DODO, L'ENFANT-DO, L'ENFANT GUÉRIRA BIENTÔT.
QUINO

NOS CHERS AUDITEURS VOUDRAIENT CONNAÎTRE VOTRE OPINION SUR LA SITUATION MONDIALE.
QUINO

QU'EST-CE QU'IL A LE MONDE, MAFALDA?
IL EST MALADE!
MALADE? ET IL A LA FIÈVRE?
OUI, C'EST VRAI! IL ME SEMBLE QU'IL A LES TRAITS TIRÉS! TU CROIS QU'IL EST TRÈS MALADE ?...
BOF!
355

AU REVOIR, MAFALDA! MEILLEURE SANTÉ AU MONDE!
MERCI!
357
LE MONDE MALADE! AH, MAFALDA A DE CES TROUVAILLES QUELQUEFOIS!

IL A UN COMMUNISME GALOPANT!
ET QUELS SONT LES SYMPTÔMES ?
IL A MAL À L'ASIE !

H...
COMMENT?
LE MONDE EST QUOI?

CRÉTIN!
MAL EMBOUCHÉE!
ENCORE!
358
VOUS DISPUTER! C'EST TOUT CE QUE VOUS SAVEZ FAIRE! VOUS N'AVEZ RIEN TROUVÉ DE PLUS POSITIF, NON?
JE NE COMPRENDS PAS CETTE MANIE QUE TU AS DE T'EN PRENDRE SANS ARRÊT À MANOLITO.
359
SI NAPOLÉON NE S'ÉTAIT JAMAIS BATTU QUI LE CONNAÎTRAIT? PERSONNE. ABSOLUMENT PERSONNE.
UN BOULON!
ROUILLÉ. À QUOI ÇA PEUT SERVIR?
360
TOUT SERT À QUELQUE CHOSE.

BIEN SÛR QUE NON... TOUS LESRHÉSUS POSITIFS PASSENT LEUR VIE À SE BATTRE...
CASSIUS CLAY, JAMES BOND... ILS SERAIENT QUOI S'ILS NE SE BATTAIENT PAS?
ANDOUILLE!
FACE DE RAT!
ET AINSI VA L'HUMANITÉ!
QUINO
C'EST LA PREMIÈRE FOIS QUE J'ENTENDS DIRE QUE LA GUERRE EST UNE TECHNIQUE PUBLICITAIRE!
QUINO
MAIS **RIEN** NE SERT À **TOUT**.
QUINO

COMME L'ONT DIT ORTEGA ET GASSET, CHERS AMIS, NOTRE PAYS EST UN PAYS TRISTE...
361
AS-TU SONGÉ À CE QUI ARRIVERAIT SI LA DISTANCE N'EXISTAIT PAS !
NON, AUCUNE IDÉE ! QU'EST-CE QUI ARRIVERAIT ?
362
ET BIEN TOUT SERAIT ICI. TU TE RENDS COMPTE, SI, TOUT ÉTAIT ICI !
JE NE PEUX PAS MANGER MA SOUPE, PARCE QUE JE SUIS UNE PETITE VIEILLE ! JE TREMBLE ET TOUT TOMBE !
363
ÇA VA ! PASSE-MOI TA CUILLÈRE QUE JE TE DONNE TA SOUPE !

SI T'AS VOULU ÊTRE DRÔLE EN DISANT CELA, TU AURAIS PU CHOISIR QUELQUE CHOSE DE PLUS MARRANT.
QUINO
LE KREMLIN
LE COW-BOY SOLITAIRE
LES BEATLES
AFRICA
CUBA
TOUT ICI
LE MUR DE BERLÍN
DISNEYLAND
VIETNÁM
Jerry Lewis
PELÉ
KU-KLUX-KLAN
TU TE RENDS VRAIMENT COMPTE !
OUI, IL SE REND VRAIMENT COMPTE !
QU'EST-CE QU'IL Y A ?
IL Y A QUE JE SUIS VIEILLE, MAIS PAS IDIOTE !

TU T'ES DÉJÀ DEMANDÉ CE QUE NOUS FAISIONS SUR TERRE, FELIPE ?
NON, JAMAIS. MAIS JE ME LE DEMANDE TOUT DE SUITE : « QUE FAISONS-NOUS SUR TERRE ? »
364
NOUS SOMMES DES MILLIONS À VIVRE SUR TERRE, ET EN FIN DE COMPTE, POURQUOI ?
POURQUOI SOMMES-NOUS SUR TERRE ?
MAMAN, POURQUOI SOMMES-NOUS SUR CETTE TERRE ?
POUR TRAVAILLER, NOUS AIMER, ET FAIRE EN SORTE QUE CE MONDE SOIT MEILLEUR !
366

ET JE RÉPONDS AUSSITÔT : « EST-CE QUE JE SAIS POURQUOI DIABLE ON EST SUR TERRE ? »
CE GENRE DE PROBLÈMES, IL FAUT S'EN DÉBARRASSER AU PLUS VITE !
QUINO
JE SUIS UN PEU PRESSÉ, MAIS SI TU VEUX JE PEUX TROUVER ÇA POUR DEMAIN !
CACHOTTIÈRE TU NE M'AVAIS PAS DIT QUE TU AVAIS LE SENS DE L'HUMOUR !

372

QU'EST-CE QUE VOUS ME DITES DE CE QUI S'EST PASSÉ HIER? VOUS AVEZ VU, HEIN?
NON, QUOI?
368
CE QUI S'EST PASSÉ? COMME TOUJOURS: LA SEULE CHOSE QUE LES GENS SACHENT FAIRE DANS CE PAYS: NE PAS TRAVAILLER! QUI A TRAVAILLÉ HIER?
PERSONNE!

LA COMMISSION CHARGÉE DE PARVENIR À UN ACCORD SUR LE DÉSARMEMENT NUCLÉAIRE EST À NOUVEAU RÉUNIE À GENÈVE.
369

QUINO

FIGURE-TOI QU'HIER, C'ÉTAIT LA FÊTE MONDIALE DU TRAVAIL ET PERSONNE N'A TRAVAILLÉ, NI ICI, NI DANS AUCUN PAYS DU MONDE! ET CETTE FÊTE, CE N'EST PAS NOUS QUI L'AVONS INVENTÉE!
NON?
NON!
COMME TOUJOURS LA SEULE CHOSE QU'ON SACHE FAIRE DANS CE PAYS C'EST COPIER LES ÉTRANGERS!
QUINO

GENÈVE, C'EST LA CAPITALE DE LA SUISSE?
NON, C'EST LA CAPITALE DE L'ÉCHEC.

QU'EST-CE QUE TU CROIS QUE NOUS FAISONS SUR TERRE, SUSANITA ?
BEN, FRANCHEMENT, JE NE SAIS PAS !
367
JE ME SOUVIENS QUE LA CIGOGNE QUI M'A AMENÉE A DÉCOLLÉ D'ORLY À DIX SEPT HEURES VINGT-DEUX DE PARIS...

VOUS CONNAISSEZ L'HISTOIRE DE LA PETITE FOURMI ET DE L'ÉLÉPHANT? VACHEMENT DRÔLE! HI ! HI !
RACONTE.
VAS-Y !
370
ET BIEN, C'EST UN ÉLÉPH. HI, HI ! LÉPHANT QUI SE PROMÈNE. HI! HI! DANS LA JUNGLE ET IL... HI ! HI ! RENCONTRE UNE... HI ! HI ! HI, IL RENCONTRE UNE... HI ! HI ! HI !

BANG!
LA VACHE!
371
"LA VACHE"! NON! TU DOIS DIRE "AUUGH !" COMME DANS LES WESTERNS !

...NOUS AVONS FAIT UNE ESCALE À DAKAR, UNE AUTRE À RIO, ET ELLE M'A DÉPOSÉE ICI...
...MAIS JE N'AI PAS PENSÉ À LUI DEMANDER POURQUOI ELLE M'AVAIT AMENÉE...
QUINO

TU T'IMAGINES TOUS CES JOURS QUI RESTENT AVANT LA FIN DE L'ANNÉE LES EXAMENS, ET TOUT, ET TOUT ...
BON, C'ÉTAIT QUOI TON HISTOIRE?
EH BIEN, C'EST UN ÉLÉPHANT QUI SE PROMÈNE DANS LA JUNGLE ET IL RENCONTRE UNE PETITE FOURMI, ET ALORS IL LA REGARDE ET IL LUI DIT DE SA VOIX D'ÉLÉPHANT: "CE QUE TU PEUX ÊTRE PETITE" ET ALORS...
QUINO

TU AS DÉJÀ VU UN COW-BOY QUI DIT "LA VACHE" QUAND ON LUI TIRE DESSUS?
POURQUOI TU NE VAS PAS TE FAIRE CUIRE UN OEUF AVEC TES MORTS EXOTIQUES, FELIPE?
QUINO

IL FAUT QUE JE RENTRE FAIRE MES DEVOIRS!
ET MOI, JE DOIS FAIRE UNE LIVRAISON!
ET MOI, VOIR MON PROGRAMME DE T.V.!
373
DE TOUTE ÉVIDENCE, ON N'A PAS LE CHOIX! ON JOUE À LA GUERRE NUCLÉAIRE!
OUI!

C'EST LA QUESTION LA PLUS STUPIDE QUE J'AIE JAMAIS ENTENDUE, SUSANITA!
374
AH OUI? ET QUAND TOI TU DEMANDES POURQUOI LE MONDE CECI ET LA GUERRE CELA, ALORS?
. . .

C'EST TOUT MAFALDA! ELLE DIT QUE MA QUESTION EST STUPIDE
...
QUELLE QUESTION?
375
...POURQUOI, DANS CE PAYS, LES OUVRIERS SONT-ILS DES PAUVRES AU TEINT BASANÉ, ET NON DE BEAUX BLONDS AVEC UNE GROSSE VOITURE, COMME AUX U.S.A.?

BOOOM!
LA VIE MODERNE IMPOSE DES LOISIRS DE PLUS EN PLUS BREFS!
QUINO

TU ES LA SEULE QUI PUISSE POSER DES QUESTIONS PEUT-ÊTRE? TU ES LA VEDETTE? POURQUOI JE N'AURAIS PAS, MOI AUSSI, UNE QUESTION À POSER?
QUELLE QUESTION, SUSANITA?
QUINO
POURQUOI, DANS CE PAYS, LES OUVRIERS SONT-ILS DES PAUVRES, AU TEINT BASANÉ ET NON DE BEAUX BLONDS AVEC DE GROSSES VOITURES, COMME AUX U.S.A.?

TU CROIS QUE C'EST UNE QUESTION IDIOTE, TOI?
NON. À PREMIÈRE VUE, CE N'EST PAS IDIOT.
MAIS EN Y RÉFLÉCHISSANT BIEN, C'EST DANGEREUX!
QUINO

"mal" LA MAÎTRESSE M'A ENCORE MIS : "mal"!
376
ET C'EST POUR ÇA QU'ON VIENT À L'ÉCOLE TOUS LES JOURS !

377
MON DIEU!... CE SONT LES VICTIMES D'UN BOMBARDEMENT OU D'INONDATIONS ?

LES CHANSONS NE SONT PAS TOUJOURS ROSES...
378
ELLES FONT MAL ET DONNENT LE COEUR GROS.

ENCORE SI ON VENAIT DE TEMPS EN TEMPS !
MAIS FAIRE ÇA À UN CLIENT FIDÈLE !
QUINO

MAIS NON, MAFALDA! CE SONT DES PUBLICITÉS DE FILMS!
DE TOUTES MANIÈRES IL FAUDRAIT ENVOYER DES VÊTEMENTS À CES PAUVRES GENS!
QUINO

OH, OH, OH. ELLES SE TERMINENT DANS LES SANGLOTS
LES CHANSONS RESSEMBLENT AU CEINTURON DE MON PÈRE ...
QUINO

TAGADA TAGADA... TAGADA... VOICI VENIR LE FAMEUX ...
379
LE COW-BOY CÉLIBATAIRE !

PAPA, DANS CE MONDE, NOUS SOMMES TOUS ÉGAUX ?
OUI MAFALDA, NOUS SOMMES TOUS ÉGAUX; TU FERAIS MIEUX DE DORMIR, AU LIEU DE TE TRACASSER !

TU AIMES MON FOULARD "JAMES BOND" ?
383
TU EN VEUX? DES BONBONS À LA MENTHE "JAMES BOND" !

SOLITAIRE!
C'EST LA MÊME CHOSE, FELIPE. TOUT CÉLIBATAIRE EST UN SOLITAIRE!
IL Y A DES GENS CAPABLES DE VOUS COUPER TOUTE INSPIRATION!
JE NE ME TRACASSE PAS. JE TE DEMANDAIS, C'EST TOUT.
BON À DEMAIN!
HÉ!... ÉGAUX À QUI?
IRRÉSISTIBLEMENT VIRIL! L'EAU DE COLOGNE "JAMES BOND"!
AU SECOURS!

TU NE TROUVES PAS QU'ILS SONT DE PLUS EN PLUS TORDUS!
OUI, EN RÉALITÉ ILS N'ONT RIEN DE DROIT.
380
TU CROIS À L'ÉGALITÉ DES HOMMES ?...
BIEN SÛR QUE NON!
382
CETTE HISTOIRE D'ÉGALITÉ ENTRE LES HOMMES EST UNE IDIOTIE !...
CEUX QUI N'ONT PAS COMPRIS, LEVEZ LA MAIN!
384

TE FATIGUE PAS MANOLITO. ON PARLE DES DROITS DE L'HOMME.

IL N'Y A PAS DEUX HOMMES PAREILS ! PERSONNE NE RESSEMBLE À PERSONNE ! QUI T'A DIT LE CONTRAIRE ?
MON PÈRE !
ÉVIDEMMENT ! LES PÈRES SONT TOUS LES MÊMES !

VOYONS, MANOLITO QU'EST-CE QUE TU N'AS PAS COMPRIS ?
DEPUIS OCTOBRE JUSQU'À MAINTENANT, RIEN !

POURQUOI DIABLE LES ADULTES PASSENT-ILS LEUR TEMPS À DIRE DES CHOSES INCOMPRÉHENSIBLES ?
C'EST TRÈS SIMPLE SUSANITA !
385
QUAND TU ARRIVES AU CINÉMA ET QUE LE FILM EST DÉJÀ COMMENCÉ, TU COMPRENDS ?...
NON.

VOUS CONNAISSEZ L'HISTOIRE DU JAPONAIS QUI VA CHEZ LE DENTISTE ?
NON
RACONTE.
386
...C'EST UN JAPONAIS "FAITES VOS ACHATS CHEZ "DON MANOLO"" QUI VA CHEZ LE DENTISTE...

ALORS TU AS ENCORE UNE MAUVAISE NOTE PARCE QUE TU AVAIS BÂCLÉ TES DEVOIRS ? COMMENT PEUX-TU ÊTRE AUSSI PEIGNE ZIZI, MANOLITO ?
387
MOI, PEIGNE-ZIZI ? TU AS OSÉ M'APPELER PEIGNE-ZIZI ? UN PEIGNE-ZIZI, MOI ?

...AVEC LES ADULTES C'EST PAREIL! COMMENT LES COMPRENDRE ?...
QUAND NOUS ARRIVONS ILS ONT DÉJÀ COMMENCÉ DEPUIS LONGTEMPS!
QUINO
...IL ENTRE DANS LE CABINET -"DON MANOLO VEND MOINS CHER!"- ET ALORS LE DENTISTE.
...........
AINSI S'ACHÈVE UNE GRANDE CAMPAGNE PUBLICITAIRE.
C'EST TOI, LA PEIGNE-ZIZI, TU M'ENTENDS ? C'EST TOI LA PEIGNE-ZIZI, C'EST TOI!
AU FAIT, MAFALDA, QU'EST-CE QUE ÇA VEUT DIRE PEIGNE-ZIZI ?
QUINO

C'ÉTAIT QUOI, CETTE ESPÈCE D'INSULTE QUE TU M'AS LANCÉE HIER MAFALDA ?
"PEIGNE-ZIZI" POURQUOI !?
AH !
388
PARCE QUE JE VAIS LA SORTIR À SUSANITA, TU VAS VOIR SA TÊTE, À CELLE-LÀ !

MAIS QU'EST-CE QUE ÇA PEUT BIEN VOULOIR DIRE "PEIGNE-ZIZI" ?
JE NE SAIS PAS T'EXPLIQUER "PEIGNE-ZIZI" ÇA PEUT AVOIR PLUSIEURS SENS.
389
JE NE COMPRENDS PAS COMMENT TU PEUX EMPLOYER UN MOT SANS SAVOIR EXPLIQUER CE QUE CELA VEUT DIRE. TU ME FENDS L'ÂME..
JE TE FENDS QUOI ?
L'ÂME J'AI DIT !
ET C'EST QUOI L'ÂME, FELIPE ? TU M'EXPLIQUES ?

392
LAQUE

SALUT, SUSANITA! TU VEUX QUE JE TE DISE CE QUE TU ES? HEIN? TU VEUX?
VAS-Y! DIS-LE! VAS-Y!
TU ES UNE PANZANI!
L'ÂME? EH BIEN, C'EST... UNE CHOSE QUE L'ON A... NON PAS QUE L'ON A MAIS QU'ON... ENFIN, EUH! TU SAIS BIEN, C'EST... C'EST...
TU AS ÉTÉ TRÈS CLAIR FELIPE! TRÈS CLAIR!
JE SUIS RESTÉ COMME UN VRAI PEIGNE-ZIZI.
QUINO
TU ES TOUT BIZARRE! QU'EST-CE QU'ILS ONT TES CHEVEUX, MANOLITO?
DE LA VOLONTÉ!

OÙ VAS-TU, MAFALDA? TON DÉJEUNER!
J'ARRIVE!
QUINO
TIC
393
LES STOCKS D'ARMES NUCLÉAIRES AUGMENTENT. LE PROBLÈME DE LA FAIM S'ACCENTUE. VIOLENTS HEURTS RACIAUX À!!!
396
CIF-CIF-CIF

SMAC!
BON ANNIVERSAIRE! SOL DE MA PATRIE!
FFFSST
COMME ÇA, TU NE REGRETTERAS PAS D'AVOIR QUITTÉ CE BAS MONDE!
TOC! TOC!
?
d'Accord: je reconnais que je suis un peu idiot.

AIDEZ LES ENFANTS HANDICAPÉS.
OH, MERCI!
397
FFFHÚ!
398
FABULEUX!...
... ON A TROUVÉ LES RESTES FOSSILES D'UN ANIMAL MORT IL Y A 100 000 ANS!
BONNE MÈRE! 100 000 ANS!

AIDEZ LES ENFANTS HANDICAPÉS.
..ELLE S'EST CRUE OBLIGÉE DE DIRE SON OPINION !...
SNIG !
PAUVRE PETIT! À QUELLE HEURE EST-IL MORT?...
QUINO

ON M'A RACONTÉ UNE HISTOIRE TERRIBLE. C'EST UN CAPITAINE QUI DEMANDE À UNE RECRUE : "-SAVEZ NAGER?" "-OUI MON CAPITAINE!" RÉPOND LE SOLDAT, ALORS ...
391
AH! OUI! JE LA CONNAIS! APRÈS, LE CAPITAINE DEMANDE: "-OÙ AVEZ-VOUS APPRIS?" "-DANS L'EAU!" QU'IL DIT, L'AUTRE. C'EST CELLE-LÀ, FELIPE? HEIN, DIS? C'EST CELLE-LÀ?

JE CONNAIS UNE HISTOIRE TRÈS, TRÈS DRÔLE! JE LA RACONTE?
OUI, VAS-Y!
399
MAIS, AUPARAVANT, UNE PAGE DE PUBLICITÉ ...

TU AS RAISON, MAFALDA! JE NE PEUX PAS ÊTRE UNE FEMME COMME NOS MÈRES, QUI SE CONTENTAIENT DE LA COUTURE!
400
NOTRE GÉNÉRATION EST DIFFÉRENTE! NOUS SOMMES LA GÉNÉRATION DE LA TECHNIQUE, DE L'ÉLECTRONIQUE!

JE TE DÉTESTE, SU-SANITA! JE TE DÉTESTE!
ON NE SAURA JAMAIS SI C'ÉTAIT BIEN CELLE-LÀ.
QUINO

LA MAISON "DON MANOLO" EST HEUREUSE DE VOUS PRÉSEN-TER CETTE HIS-TOIRE QUI...
...........
JE NE COMPRENDS PAS. FAUT CROIRE QUE JE MANQUE DE MÉTIER!
QUINO

PAR CONSÉQUENT, JE NE ME CONTENTE-RAI PAS DE LA CONFEC-TION ET DE LA COUPE! LA SCIENCE M'APPELLE!
QUAND JE SERAI GRANDE, J'ACHÈTERAI UNE MACHINE À TRI-COTER! LA CYBERNÉ-TIQUE ME PASSIONNE!
QUINO

CACHONS-NOUS ICI. NOUS DEVONS PROTÉGER LA FEMME QUI TRANSPORTE LE MESSAGE !
"OUI, AINSI NOUS POURRONS DÉJOUER LES PLANS DU COW-BOY SOLITAIRE !
"PLACE ! VOILÀ LA FEMME QUI ARRIVE !

VIVE LA PATRIE !
VIVA !
VIVE LA PATRIE !
VIVE LA PATRIE !

AUJOURD'HUI JE SUIS D'UNE HUMEUR MASSACRANTE !
TU AS POURTANT L'AIR CONTENTE, SUSANITA...
C'EST PARCE QUE JE VEUX QUE PERSONNE NE SE RENDE COMPTE DE MON HUMEUR !
ALORS, IL NE FAUDRAIT PAS QUE TU LE DISES.

OH QUELLE GÉNÉRATION! JUSQU'OÙ IRONT-ILS DANS L'INDÉCENCE ET L'EXHIBITION?
QU'EST-CE QUE TU AS, MAFALDA? CE N'EST PAS UNE FÊTE NATIONALE AUJOURD'HUI!
QU'EST-CE QUE TU VEUX QUE CELA ME FASSE? LA PATRIE, JE L'AIME TOUS LES JOURS. JE N'AI PAS BESOIN QUE LE CALENDRIER ME SOUFFLE MON ENTHOUSIASME!
OUI, MAIS JE SERAIS, HYPOCRITE. JE M'ÉTONNE QUE TU DÉFENDES L'HYPOCRISIE!
UN JOUR IL FAUDRA QUE J'ANALYSE CE QUI ME REND LE PLUS MALADE, SUSANITA OU LA SOUPE...

HORS SERVICE
405
HORS SERVICE

REGARDE, ELLE TRICOTE!
408
...ET VOILÀ SON MARI QUI RENTRE, MAIS ELLE NE L'A PAS VU!...

BAR
TELEPHON
PUBLIC
HORS SERVICE
JE PENSAIS QU'IL ALLAIT L'ACCROCHER AU COU DE L'HUMANITÉ!

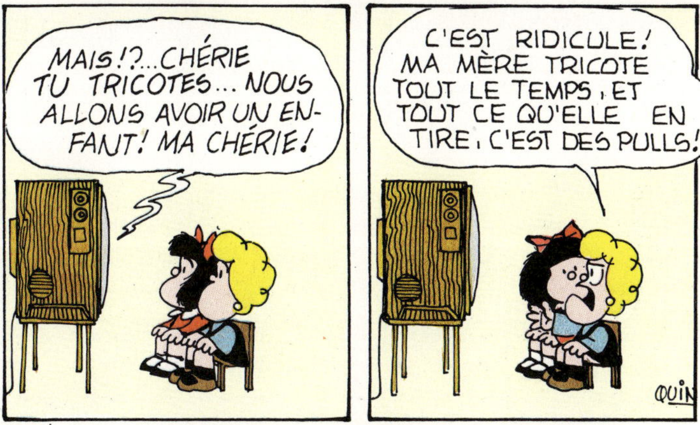
MAIS!?...CHÉRIE TU TRICOTES... NOUS ALLONS AVOIR UN EN-FANT! MA CHÉRIE!
C'EST RIDICULE! MA MÈRE TRICOTE TOUT LE TEMPS, ET TOUT CE QU'ELLE EN TIRE, C'EST DES PULLS!

CE N'EST PAS BIEN DE LAISSER TRAÎNER SON CACHE-COL.

UNE-DEUX.
UNE-DEUX.
UNE-DEUX.
UNE-DEUX.
395
SECTION.
HALTE!
¡TRAC!
DÉPOSEZ!!!
¡POC!

DIEU VIENT EN AIDE À CELUI QUI SE LÈVE MATIN!
407

412

ARME !
CLANK !
RRREPOS !
VOILÀ LE SEUL MOYEN D'OBTENIR LA PAIX DANS LE MONDE !

DEMAIN MATIN, LE BON DIEU AURA DE QUOI FAIRE !

BONNE FÊTE, PAPA !
APPELLE ÇA LA VOIX DU SANG !

413
AULA 6

pour PAPA
NON!
409
pour PAPA
ENCORE MOINS!

VOILÀ LA MONNAIE, ET AVEC LE TICKET TU VAS PRENDRE TON LIVRE AU COMPTOIR.
CIENCIA FICCION
MERCI.
411
ÇA C'EST LA MEILLEURE!

?
QUI A FAIT COU
RIR LE BRUIT QUE
JE N'AIMAIS PAS
LES "BEATLES"?
POUR PAPA
NON!
NON!
POUR PAPA
NON PLUS!
EH BIEN
DIS DONC!
T'ES UN
COMPLIQUÉ,
TOI!
?
LES PARENTS
NOUS AMÈNENT
DANS CE
MONDE DE FOUS,
SANS NOUS
DEMANDER
NOTRE AVIS, ET,
EN PLUS, IL FAUT
LEUR FAIRE UN
CADEAU.
C'EST POUR
OFFRIR À
TON PAPA,
NON?
NON,
C'EST POUR
QU'IL SACHE
QUE JE
LUI PARDON
NE.

APRÉS-DEMAIN, C'EST LA FÊTE DES PÉRES, ET MOI JE SUIS LÀ UNE PAUVRE GAMINE QUI NE SAIT PAS QUOI OFFRIR À SON PÉRE!
410
ET LA FÊTE DES PÉRES APPROCHE! ELLE APPROCHE!

C'EST DRÔLE LES CATÉGORIES DE LA BOXE POURRAIENT SERVIR À CLASSER LES PAYS.
420
PAR EXEMPLE: LES PAYS PETITS ET TRÉS SOUS-DÉVELOPPÉS SONT LES POIDS PLUMES, D'AUTRES, COMME LE VÔTRE, SONT DES POIDS COQS OU DES POIDS LÉGERS!

HELLO! C'EST TOI LA COLOMBE DE LA PAIX?
416

ET LA PAUVRE GAMINE NE SAIT PAS QUOI OFFRIR À SON PÈRE ! ET C'EST LE MATIN DU JOUR ET LA PAUVRE GAMINE NE SAIT PAS ET...
C'EST HITCHCOCKIEN !

AH ! ET ALORS, LES ÉTATS-UNIS OU LA RUSSIE, C'EST QUOI ?
DES POIDS LOURDS !
TRÈS LOURDS !
QUINO

VIVE LA BOMBE H !... VIVE LA GUERRE !
SPLIT !
C'EST ELLE !

BANG!

TU AS ÉCOUTÉ LE DERNIER DISQUE DES "BEATLES"?
NON! CES TYPES-LÀ ME DÉGOÛTENT.
414
À TON ÂGE, ÇA DEVRAIT TE PLAIRE. TOUS LES ENFANTS DU MONDE AIMENT LES "BEATLES"!
MOI, ILS ME DÉGOÛTENT, C'EST TOUT.

LES BEATLES! COMMENT PEUT-ON ADMIRER CETTE BANDE DE TARÉS, QUI NE SAIT QUE GRATTER DE LA GUITARE!
415
YEAH! YEAH!

PAPA! TU M'AS SAUVÉ LA VIE!
FIN
ESQUIMAUX! BONBONS! CARAMELS!

QU'EST-CE QU'IL A MANOLITO?
IL REFUSE D'ÊTRE DE SA GÉNÉRATION.
QUELLE GÉNÉRA-TION POURRIE!

ELLE NE CONNAÎT PAS L'ARGENT, ET ÇA NE L'EMPÊCHE PAS D'ÊTRE HEUREUSE!
417
TU CROIS QU'IL N'Y A QUE L'ARGENT DANS LA VIE, MANOLITO?

LE TÉLÉPHONE EST ENCORE EN PANNE À LA MAISON. J'EN AI MARRE DE VIVRE DANS UN PAYS SOUS-DÉVELOPPÉ!
419
ÇA NE TE FAIT PAS UN PEU MAL DE QUALIFIER TON PAYS DE "SOUS-DÉVELOPPÉ"?

418
ÇA ME FAIT MAL AU COEUR DE VOIR CES PAUVRES
À MOI AUSSI!

NON, BIEN SÛR, L'ARGENT N'EST PAS TOUT!
IL Y A AUSSI LES CHÈQUES...
MAIS C'EST UN PAYS SOUS-DÉVELOPPÉ! QU'EST-CE QUE TU VEUX QUE JE DISE? UN PAYS COMMENT?
UN PAYS "DILETTANTE".
IL FAUDRAIT LEUR DONNER UN TOIT, DU TRAVAIL, UN PEU DE BIEN-ÊTRE!
POURQUOI TANT DE CHOSES? IL SUFFIRAIT DE NE PAS LES MONTRER!
QUINO

L'IMBÉCILE ! IL EST EN TRAIN DE GAGNER !
421
SELON LA RÈGLE DU JEU, IL EXISTE UN CAS OÙ ON PEUT BOUGER PLUS D'UNE PIÈCE À LA FOIS ?
SEULEMENT POUR ROQUER.

MAFALDA, TU AS "LE PETIT POUCET" ? JE PEUX LE LIRE ?
BIEN SÛR !
422
Dans une petite chaumière, vivait une famille très pauvre...

Aujourd'hui je me suis levée de très bonne humeur...
424
... alors je crois que j'aurai le moral toute la journée...

TOC!
LA RÈGLE DU JEU AURAIT DÛ PRÉVOIR D'AUTRES CAS!
PAF!
?
J'EN AI ASSEZ DU DOCUMENT VÉCU!
SNIF SNIF
... avec une baisse de moral vers midi et une soupe probable.

" CE DONT VOUS N'AVEZ PLUS BESOIN, DONNEZ-LE À **EMMAÜS** APPELEZ-NOUS AU 001.48.49. D'AVANCE, MERCI ! "
427

TU NE DEVRAIS PAS FAIRE ATTENTION AUX JÉRÉMIADES DOMESTIQUES DE TA MÈRE, MIGUELITO. TOUTES LES MÈRES PASSENT LEUR TEMPS À RÉPÉTER LA MÊME CHOSE.
429
"ET PUIS ON SE MARIE POUR FAIRE LA BONNE ! VOILÀ POURQUOI ON SE MARIE " !

MA MÈRE M'INQUIÈTE.
ELLE DIT QU'ELLE EST FATIGUÉE DE FROTTER TOUTE LA JOURNÉE À LA MAISON.
428
PARDON, MIGUELITO. NE DIRAIT-ELLE PAS, PAR HASARD : "TOUTE LA **SAINTE** JOURNÉE ?"

ET PUIS NON! JE NE CROIS PAS QU'EMMAÜS AIT BESOIN DE NOS LEADERS POLITIQUES
"MAIS VOUS VERREZ ! UN JOUR COMME ÇA J'EN AURAI ASSEZ ! ET VOUS VERREZ CE QUE JE FERAI ! ÇA, VOUS VERREZ !"
SI QUELQU'UN AVAIT ENREGISTRÉ ET DÉPOSÉ ÇA, IL GAGNERAIT DES MILLIONS DE DROITS D'AUTEUR !
OUI, C'EST VRAI, ELLE DIT : "TOUTE LA SAINTE JOURNÉE." COMMENT TU LE SAIS ?
OH, J'AI QUELQUES PETITES NOTIONS DU FOLKLORE MATERNEL.

CE QUI NOUS MANQUE DANS CE PAYS, C'EST DE SAVOIR TIRER PARTI DES RESSOURCES NATURELLES!
NOUS AVONS DEVANT NOUS DES RESSOURCES NATURELLES INSOUPÇONNÉES
423

aujourd'hui j'ai fait une partie de ping-pong avec Felipe, mais...
...j'ai joué comme un manche et j'ai perdu 9 à 20.
425

QU'EST-CE QUE C'EST QUE CE CARNET?
RIEN... MON JOURNAL INTIME.
TON JOURNAL INTIME! FORMIDABLE! J'IMAGINE LES ROSSERIES QUE TU DOIS Y DIRE SUR MANOLITO, FELIPE ...ETC. NON? AVOUE!

...ET NOUS DEVONS EN TIRER PARTI SANS ATTENDRE!
BRILLANTE IDÉE MANOLITO!
LE SEUL JOURNAL INTIME AVEC UN SUPPLÉMENT SPORTIF.
QUINO
FIGURE-TOI QUE DANS MON JOUR-NAL INTIME, IL N'Y A AUCUNE ROSSE-RIE CONTRE QUI QUE CE SOIT!!
NON?
NON!
TU N'ACCEPTES PAS LES COLLA-BORATIONS BÉ-NÉVOLES?

...TU NE TROUVES PAS CURIEUX QU'UN ÊTRE AUSSI DEMEURÉ QUE MANOLITO AIT APPRIS SI VITE À JOUER AUX ÉCHECS?
QUOI?
JE TE PRENDS UN PION, FELIPE !
BUUUT !
432

EN RAISON DE LA FÊTE NATIONALE, TOUTES LES BANDES DESSINÉES DU PAYS SONT TENUES D'INTRODUIRE CE GAG DANS LEUR SCÉNARIO.
430

IL RÈGNE UN CALME ABSOLU !
LES GOUVERNEMENTS VAQUENT À LEURS TÂCHES QUOTIDIENNES.
434

BUUUUUUUUUUUT!
QUINO
QUOI?
RIEN!
VIVE LA PATRIE!
ET VOILÀ! MAINTENANT CHAQUE FEUILLETON PEUT REPRENDRE SON COURS NORMAL
MERCI!
QUINO
Ç'AURAIT ÉTÉ DOMMAGE DE NE PAS FAIRE UN PUTSCH DANS LES CHOCOLATS!

QUAND ON MEURT, OÙ ON VA ?
MA MÈRE DIT QU'ON VA AU CIEL !
436

Cher journal intime: aujourd'hui j'ai mis ma mère en colère. J'avoue que je me suis mal conduite, et que...
433
...ma mère est très gentille et tout est entièrement de ma faute...

LE PROBLÈME DE BEAUCOUPDE PAYS C'EST D'AVOIR TOUJOURS EU DES GOUVERNEMENTS CARAMEL.
431
DES GOUVERNEMENTS CARAMEL ?... QU'EST-CE QUE C'EST QUE ÇA ?...

ELLE T'A DONNÉ LES DÉTAILS DU DÉCOLLAGE?
QUINO

QUINO
(La Direction de ce journal intime déclare qu'il se contente de publier ces réflexions sans partager les opinions de leur auteur.)

ÇA TE DURE LONGTEMPS À TOI, UN CARAMEL?
J'AI COMPRIS!
QUINO

BANG! BANG! ET BANG!
435
COMMENT "ET" BANG? TU AS DÉJÀ VU UN REVOLVER QUI FAIT "ET"?

?
440
QU'EST-CE QUE TU AS, MAFALDA? TU ES DEVENUE FOLLE?

IL Y A QUELQUE CHOSE QUE JE NE COMPRENDS PAS!
437
QUAND ON MEURT, SI ON VA AU CIEL...

UN REVOLVER PEUT FAIRE "BANG! BANG!", À LA RIGUEUR "PONG!" MAIS JAMAIS "ET"!
QUI EST-CE QUI PEUT AVOIR ENVIE DE JOUER AUX COW-BOYS AVEC UN ÉRUDIT?...
IL FAUT AVANCER AVEC L'HUMANITÉ, MIGUELITO, IL FAUT AVANCER AVEC L'HUMANITÉ.
QUINO
...À QUOI ÇA SERT LE CIMETIÈRE?
SANS DOUTE UNE SORTE DE CAP KENNEDY?
QUINO

TU M'AS DIT QUE QUAND ON MOURAIT, ON MONTAIT AU CIEL, NON ?
OUI, POURQUOI ?
PARCE QU'IL Y A QUELQUE CHOSE QUE JE NE COMPRENDS PAS. COMMENT FONT LES GROS DANS CETTE HISTOIRE ?
438

"... BALLE AU PIED, IL PART DU CENTRE DU TERRAIN..."
VOILÀ CE QUI ME PLAIRAIT ! ÊTRE JOUEUR DE FOOTBALL, COMME ÇA, PAS BESOIN D'ALLER À L'ÉCOLE !
442
"... IL CONTINUE, IL PREND DES RISQUES, IL FEINTE UN ADVERSAIRE... DEUX !... IL EST DANS L'EMBUT, AAATTENTION, IL VA SHOOTER..."

LES ESQUIMAUX ! VOILÀ LA PREUVE QUE C'EST LA CIGOGNE QUI NOUS APPORTE, MIGUELITO !
449

MAIS NON, MIGUELITO ! VOILÀ COMMENT ÇA SE PASSE : AU CIEL, IL N'Y A QUE L'ÂME QUI MONTE ; LE CORPS, ON LE LAISSE ICI !
AH BON ! L'EMBALLAGE EST CONSIGNÉ ?!
QUINO
"... CONTRE" !... AH, MES AMIS, QUEL CONTRE ! IL A ÉTÉ FAUCHÉ ... ON L'EMPORTE SUR UNE CIVIÈRE...
LE CONTINENT AMÉRICAIN SE COMPOSE DE : L'AMÉRIQUE DU NORD, L'AMÉRIQUE CENTRALE ET L'AMÉRIQUE DU SUD. SES PLUS GRANDS FLEUVES SONT...
SI ON NAISSAIT DANS LES CHOUX, IL N'Y AURAIT PAS D'ESQUIMAUX ! VOYONS, MIGUELITO, CROIS-TU QU'IL Y A DES CHOUX AU PÔLE ?
QU'EST-CE QUE J'EN SAIS, MOI ! AVEC LE MARCHÉ COMMUN...

J'AI ENTENDU DIRE QU'ON NAISSAIT DANS UN CHOU. QU'EST-CE QUE TU EN PENSES?
C'EST LA CIGOGNE QUI NOUS APPORTE, MIGUELITO. L'HISTOIRE DU CHOU, C'EST UN BOBARD SANS QUEUE NI TÊTE.

ET SI C'ÉTAIT VRAI QU'ON NAISSE DANS LES CHOUX !
POURQUOI L'HISTOIRE DE LA CIGOGNE SERAIT-ELLE VRAIE, ET CELLE DES CHOUX, NON ?

ET TOI, QU'EST-CE QUE TU EN PENSES? ON NAÎT DANS LES CHOUX OU C'EST LA CIGOGNE QUI NOUS APPORTE ?
HI ! HI ... QUELLE IDÉE DE POSER CE GENRE DE QUESTION A' MANOLITO ! CE SONT DES PROBLÈMES TROP PROFONDS POUR CETTE MULE !

TU AS SÛREMENT RAISON, MAIS MOI JE NE MANGERAI PLUS JAMAIS DE CHOUCROUTE!
AU BOUT DU COMPTE, UN CHOU A AUTANT DE VALEUR SCIENTIFIQUE QU'UNE CIGOGNE, SINON PLUS!
ET AU PÔLE NORD, DANS QUOI ILS NAISSENT LES PETITS ESQUIMAUX?
C'EST VRAI MIGUELITO. LA NAISSANCE ET LA MORT, JE M'EN MOQUE. C'EST LA VIE QUI M'INTÉRESSE, MOI, PAS SES LIMITES.
HI! HI!

JE ME DEMANDE POURQUOI JE VAIS CHEZ LE COIFFEUR!

AHAHAHA! ÉCHEC!
439
J'AI GAGNÉ! ÉCHEC ET MAT!

JE NE SAIS VRAIMENT PAS POURQUOI JE VAIS CHEZ LE COIFFEUR!
QUINO

LE ROI EST MORT! VIVE LE ROI!
DEVANT TANT DE DIGNITÉ, LE TRIOMPHE EST SANS GLOIRE!

JE VOIS DES ROMANS-PHOTOS, DES REVUES...
?
... ET JE VOIS UNE SOIRÉE DANSANTE ET PUIS UN MARIAGE...
451

DIS, MAFALDA, CROIS-TU QU'ON RÉSOUDRAIT LE PROBLÈME DE LA FAIM DANS LE MONDE SI ON DONNAIT UN BONBON À TOUS CEUX QUI MEURENT DE FAIM?
JE CROIS BIEN QUE NON. POURQUOI TU DEMANDES ÇA?
452

HIER LE PREMIER MINISTRE BRITANNIQUE ET LE SECRÉTAIRE GÉNÉRAL DE L'O.N.U. SE SONT RENCONTRÉS.
JE SUPPOSE QU'ILS ONT PARLÉ DE DÉSARMEMENT.
454

...ET JE VOIS FROTTER ET REFROTTER LA MAISON JUSQU'À DEVENIR VIEILLE...
QUINO
ET DIRE QUE C'EST ÇA QUE VOIENT LES FEMMES QUI REGARDENT LA VIE AUTRAVERS D'UN BIGOUDI !
EH BIEN... TU IMAGINES CE QU'ON AURAIT SUR LA CONSCIENCE ! NON ?
LES DEUX PERSONNALITÉS ONT PARLÉ DU DÉSARMEMENT.
QUINO
ET APRÈS, ON DIT QUE LA **TÉLÉ** ATROPHIE L'IMAGINATION !

DIS-MOI, FELIPE, TU CROIS RÉELLEMENT QUE LA **TÉLÉ** ATROPHIE L'IMAGINATION DES ENFANTS ?
455

ET SI C'ÉTAIT VRAI QUE LA **TV** DESSÈCHE L'IMAGINATION DES ENFANTS ?
456

FFFF
444

BEN, TU VOIS, JE NE ME SUIS JAMAIS VRAIMENT POSÉ LA QUESTION...
BIGRE, SI C'ÉTAIT VRAI ?
BANG!

!
¡PUPi
457
JE VIENS DE DÉCOUVRIR QUE DANS LA GLACE, ON VOIT LES OBJETS A' L'ENVERS. C'EST TERRIBLE!
POURQUOI C'EST TERRIBLE?
MIGUELITO A RAISON: DANS LA GLACE, ON VOIT LES CHOSES A' L'ENVERS.
458
LA DROITE DEVIENT LA GAUCHE...
459

PARCE QUE ÇA VEUT DIRE QUE QUAND ON SE REGARDE DANS LA GLACE ON SE VOIT À L'ENVERS DE CE QU'ON EST!
ALLONS, MIGUELITO! POUR ÇA, PAS LA PEINE DE SE REGARDER DANS UNE GLACE!
QUINO
...LA GAUCHE DEVIENT LA DROITE...
QUELLE CONFUSION!
QUINO
MAIS D'OÙ EST-CE QUE TU AS SORTI QUE DANS UNE GLACE ON SE VOYAIT À L'ENVERS?
QUINO

"BIENVENUE
IL EST SUPER TON TAPIS-BROSSE, MIGUELITO!
JE LE DÉTESTE.
TU LE DÉTESTES?
POURQUOI?

QU'EST-CE QUI ARRIVE À MANOLITO?
IL A ENCORE DIT UNE DE SES ÂNERIES À L'ÉCOLE ET IL A EU UN ZÉRO.

ONJOUR, BAFADA! OMMENT BA-TU? UJOU À NA BOITURE?
OUDRAIS NESTER POUR BABUSER, BAIS A BÈRE M'EMBOIE ÉCHER ULAIT.

C'EST TOI, MIGUELITO? JE PARIE QUE TU AS OUBLIÉ LES PATINS! HEIN? J'EN ÉTAIS SÛRE... ET MOI QUI M'ÉCHINE TOUTE LA SAINTE JOURNÉE À CIRER LES PARQUETS!
C'EST LE TAPIS-BROSSE LE PLUS HYPOCRITE DU QUARTIER!
CE N'EST PAS SI GRAVE... NOUS DISONS TOUS DES ÂNERIES DE TEMPS EN TEMPS.
OUI, MAIS LE PROBLÈME AVEC MANOLITO, C'EST QUE C'EST UN ÂNE À *PLEIN TEMPS*.
QUINO
AU EVOI.
IL FAUDRAIT FAIRE UN DICTIONNAIRE *"FRANÇAIS-CARAMEL/CARAMEL-FRANÇAIS."*
QUINO

TU AS VU? ILS DISENT QUE LA TÉLÉ EST UN VÉHICULE CULTUREL.
461
UN VÉHICULE CULTUREL?
HAN HAN

TIC!
463
"UNE VIEILLE COUTUME QUI N'EST PAS PASSÉE DE MODE..."

UN DE MES COUSINS, QUI SAIT L'ANGLAIS, M'A TRADUIT QUELQUES CHANSONS DES BEATLES.
MONTRE.
453
TU AS UN CRAYON? IL Y A UNE PHRASE QUE JE VOUDRAIS NOTER.
BIEN SÛR.

ATTRAPE!
BANG! BANG!
ACCK!
CULTURE OU PAS, JE DESCENDS À LA PROCHAINE ET JE VAIS À PIED!
TUER DES GENS?
"... BOIRE DU WHISKY BLACK-GROG..."
AH...
"QUAND JE T'AI VUE AVEC LUI, J'AI SENTI QUE MON AVENIR S'ÉCROULAIT."
QUINO
IL N'Y A QUE DES GÉNIES QUI PEUVENT SI BIEN TRADUIRE CE QUE L'ON RESSENT LA PREMIÈRE FOIS QUE L'ON VOIT SA MÈRE AVEC UNE ASSIETTE DE SOUPE.

BONBONS
BONBONS
466
BONJOUR, MIGUELITO, ÇA VA?
...PIEN! HE HANGE UN HON CAHAMEL!
?
TRÈS BIEN! JE M'EN VAIS! MAIS JE PROTESTE!
464
ELLES PARLENT D'AVOIR DES ENFANTS ET... ELLES ME JETTENT DEHORS!
462
CHAUSSURES
boutique

TELFON TA HAISON VENMERDRIHOCHAIN. FALU!
?
C'EST CURIEUX QUE PERSONNE N'AIT SIGNALÉ LE RÔLE DES CARAMELS DANS LES PROBLÈMES DE COMMUNICATION!

VOILÀ QUE NOUS, LES **ENFANTS**, ON NE PEUT ENTENDRE PARLER DE FAIRE DES **ENFANTS**, ET ON SE FAIT METTRE À LA PORTE!
C'EST AUSSI ABSURDE QUE DE PARLER DE FAIRE DE LA PSYCHANALYSE, ET DE JETER DEHORS SIGMUND FREUD!

Tailleur
DIS, MAMAN, TU ES SÛRE QUE NOUS ALLONS DANS LE SENS DE L'HISTOIRE?
LAINES

"La Bonté est une chose naturelle chez l'homme."

FRANCHEMENT, TON PÈRE N'EST PAS TRÈS FUTÉ. LE COMMERCE DES PLANTES NE RAPPORTE RIEN !
DU COMMERCE ! MAIS POUR MON PÈRE C'EST UN SIMPLE PASSE-TEMPS !...

ATCHOUM!

ET LA MÉCHANCETÉ ? CE N'EST PAS NATUREL ?
NON. CE DOIT ÊTRE UNE DE CES FIBRES ARTIFICIELLES QU'ON TROUVE UN PEU PARTOUT AUJOURD'HUI.
QUOI ? IL NE LES VEND PAS ?
NON, VOYONS !
MON DIEU ! PASSE QU'ON SOIT IDIOT, MAIS "AD HONOREM" !
QUINO
UN RHUME !... Y ME MANQUAIT PLUS QUE ÇA !...
...SANS COMPTER LE CHARME, L'INTELLIGENCE, LA SENSIBILITÉ, LE TALENT, LE TACT, L'ÉLÉGANCE, LA FINESSE, LE BON SENS, L'IMAGINATION, LA CULTU...

J'AI PRÊTÉ MES ILLUSTRÉS À MANOLITO POUR QU'IL OUBLIE UN PEU SA GRIPPE.
470
AT... HAAT...
NON, PAS EN LISANT MON IL...

MAUDITE GRIPPE!... IL FALLAIT QUE ÇA TOMBE SUR MOI!
471

ÉPICERIE "DON MANOLO"
COMMENT VA TA GRIPPE, MANOLITO?
EN SORTANT DE L'ÉCOLE, ON A PENSÉ VENIR VOIR SI TU N'AVAIS BESOIN DE RIEN.

...CHOUMM!
LUSTRÉ...
TROP TARD!
COW-BOY
ALLONS, MANOLITO!... LA GRIPPE, ÇA TOUCHE TOUT LE MONDE, LES GRANDS ET LES PETITS, LES GROS ET LES MAIGRES, LES RICHES ET LES PAUVRES, LES NOIRS ET LES BLANCS!
QU'ELLE AILLE AU DIABLE AVEC SA DÉMOCRATIE!
OUI, JE VOUDRAIS VOUS DEMANDER QUELQUE CHOSE.
DIS! ON SE FERA UN PLAI-SIR DE T'AIDER...
NE PARTEZ PAS SANS ACHETER CHEZ "DON MA-NOLO"... IL Y A CE QU'IL VOUS FAUT!

MANOLITO EST AU LIT AVEC LA GRIPPE, D'ACCORD! MAIS POURQUOI VAS-TU LE VOIR AVEC UN CASQUE SPATIAL?
POUR ÉVITER LA CONTAGION.
473
SI J'Y VAIS SANS CASQUE, ET QU'IL ME LA PASSE?
S'IL TE LA PASSE, TANT PIS! L'AMITIÉ EXIGE CERTAINS SACRIFICES!
QU'EST-CE QU'ILS VONT ÊTRE CONTENTS FELIPE, SUSANITA ET MAFALDA, QUAND ILS ME VERRONT DEBOUT!
474
LES AMIS!...J'EN SUIS SORTI DE MA FOUTUE GRIPPE!... MAIS OÙ SONT-ILS?
MOI, CE QUE J'AIME BIEN DANS LA GRIPPE, C'EST QU'ON VA **PAS** À L'ÉCOLE.
476
QUE VEUX-TU QUE JE TE DISE, FELIPE...

JE NE VOIS PAS CE QU'IL Y A DE MAL À DONNER UNE TOUCHE MODERNE AUX SACRIFICES!
MOI, JE PRÉFÈRE ALLER À L'ÉCOLE, APPRENDRE DES CHOSES, FAIRE MES DEVOIRS...
...PLUTÔT QUE D'ÊTRE OBLIGÉE DE SUPPORTER CETTE INCULTURE VIRALE...

COMBIEN Y AURA-T-IL DE GENS GRIPPÉS COMME NOUS DANS LE MONDE, MAFALDA?
JE N'EN SAIS RIEN... BEAUCOUP, JE SUPPOSE. POURQUOI TU DIS ÇA?

J'AI APPRIS QUE TU ÉTAIS RESTÉE AU LIT À CAUSE DE LA GRIPPE. MAIS MA MÈRE N'A PAS VOULU QUE J'AILLE TE VOIR, DE PEUR QUE JE L'ATTRAPE...
MOI, AVEC MES ÉCONOMIES, JE T'AVAIS ACHETÉ UN PAQUET DE GÂTEAUX... ALORS J'AI PIQUÉ UNE DE CES COLÈRES! UNE DE CES COLÈRES!

MAMAN! JE PEUX TE DIRE QUE CETTE SOUPE EST UN BREUVAGE ATROCE?...
HÉ!
ET QUE C'EST LA COCHONNERIE LA PLUS IMMONDE QUE J'AI JAMAIS MANGÉE?

JE NE SAIS PAS... ÇA CONSOLE TOUJOURS UN PEU DE SAVOIR QU'ON N'EST PAS SEUL, PAS VRAI?
OUI. MAIS FRANCHEMENT, DANS CE CAS, LE SYNDICALISME NE REMPLACE PAS L'ASPIRINE!
T'ES TROP GENTIL, MIGUELITO, MAIS CE N'ÉTAIT PAS LA PEINE DE M'ACHETER CE PAQUET DE GÂTEAUX...
C'EST-À-DIRE QUE...OUI...ENFIN!...
...MOI, LES COLÈRES, ÇA ME DONNE FAIM!
À MOINS QUE ÇA TE GÊNE, LA CRITIQUE CONSTRUCTIVE?

J'AI AMENÉ MAFALDA JOUER AVEC MOI, MAMAN!
LES PATIN-INS!... JE PARIE QUE VOUS N'AVEZ PAS MIS LES PATINS ET QUE VOUS SALISSEZ LE PARQUET!
NE JOUEZ NI DANS LE SALON, NI DANS LA SALLE À MANGER, HEIN?
AH, ET AUTRE CHOSE...

484
QU'EST-CE QUE TU FAIS LÀ TOUT SEUL, MIGUELITO?

TU VOIS? ÇA, C'EST LE MONDE!
480

NE LAISSEZ PAS TRAÎNER LES JOUETS! RANGEZ-LES QUAND VOUS AUREZ FINI!
MON SEUL ESPOIR, C'EST QUE TOUT CELA ME SERA DÉCOMPTÉ QUAND JE FERAI MON SERVICE MILITAIRE...

OH, RIEN... J'ATTENDS QUELQUE CHOSE DE LA VIE.

TU SAIS POURQUOI IL EST JOLI, CE MONDE?
PARCE QUE C'EST UNE MAQUETTE...
L'ORIGINAL EST UN DÉSASTRE!

JE VAIS FAIRE LES COURSES ET JE REVIENS. N'OUVRE A' PERSONNE, MÊME SI ON INSISTE...
ÇA VA!
481
© QUINO

PAPA, OÙ VIVENT LES GENS QUI NE SONT PAS ENCORE NÉS?
ILS N'EXISTENT PAS, MAFALDA. ALORS ILS NE VIVENT NULLE PART. POURQUOI?
NON... NON... POUR RIEN!
482

DANS CETTE BOUTIQUE, CE QU'IL NOUS MANQUE C'EST UNE ÉTUDE DE MARCHÉ.
JE VAIS ALLER INTERROGER LES GENS DANS LA RUE: " FAITES-VOUS VOS ACHATS CHEZ DON MANOLO ?"
483
© QUINO

MAMAN!
ET SI C'EST LE BONHEUR?
Avant de venir, réfléchissez!
CEUX QUI RÉPONDENT **OUI**, JE LES METS DANS CETTE COLONNE, ET CEUX QUI RÉPONDENT **NON**...

C'EST ABSURDE! TU PENSES VRAIMENT RESTER ASSIS COMME ÇA À ATTENDRE QUELQUE CHOSE DE LA VIE?
OUI.
MAIS, DIS-MOI: QU'EST-CE QUE TU ATTENDS DE LA VIE, HEIN?
486
© QUINO

QU'EST-CE QUE C'EST QUE CETTE HISTOIRE? TU VAS RESTER LÀ, COMME ÇA, À ATTENDRE QUELQUE CHOSE DE LA VIE?
EH BIEN, OUI! JE VAIS RESTER LÀ, COMME ÇA, À ATTENDRE QUELQUE CHOSE DE LA VIE.
485
© QUINO

QU'EST-CE QU'IL FAIT LÀ, ASSIS TOUT SEUL?
IL DIT QU'IL ATTEND QUELQUE CHOSE DE LA VIE.
ÇA VA PAS, MIGUELITO! TU CROIS QU'IL SUFFIT DE S'ASSEOIR ET D'ATTENDRE POUR QUE LA VIE T'APPORTE QUELQUE CHOSE, HEIN?
487
© QUINO

...QUELQUE CHOSE...N'IMPORTE QUOI. TOUT CE QU'ELLE M'OFFRIRA SERA BIEN.
PINGRE!
ET SI C'ÉTAIT PARCE QU'IL EST PLEIN DE "MIGUELITO" QUE LE MONDE VA COMME IL VA ?
OUI.
ET TU CROIS QU'ON VA ATTENDRE LONGTEMPS?

BANG!
BANG!
BANG!
BANG!
BANG!
BANG!
488
© QUINO

?
490
© QUINO
CRÈME de
Beauté

492
IL Y A UNE CHOSE QUI ME REND MALADE : TU NAIS, ET QU'EST-CE QUE TU ES ? UN FILS. TU AS 5 ANS, QU'EST-CE QUE TU ES ? UN FILS.
© QUINO
TU AS 8, 12, 15, 19 ANS, ET QU'EST-CE QUE TU ES ? UN FILS ! RIEN QU'UN FILS ! TOUJOURS UN FILS !

POUM!
NON, NON ET NON! ÇA NE SE DIT PLUS POUM! QUI EST LE CONSERVATEUR QUI A DIT POUM?
ET ALORS?
IL FAUT ATTENDRE VINGT ANS POUR POUVOIR ÊTRE QUOI? UN PÈRE!
DANS QUEL MÉTIER, ON A VU ÇA? ATTENDRE VINGT ANS SA PROMOTION?..

"UNE PERSONNE QUI NAÎTRAIT AUJOURD'HUI, QUEL ÂGE AURAIT-ELLE DANS UN DEMI-SIÈCLE?"
489
© QUINO

495
ET TOI? LE PRINTEMPS, ÇA TE PLAIT?
Cui cui!
© QUINO

MMMMMMMMMMM LE PRINTEMPS EST DÉJÀ DANS L'AIR, MANOLITO. TU LE SENS?
?
494
© QUINO

50 ans.
QUE QUELQU'UN NÉ APRÈS VOUS, SOIT AUSSI VIEUX... C'EST DÉPRIMANT !
ET LA SITUATION MONDIALE ?
Cui Cui !
J'AI BIEN CRU UN MOMENT QUE Cui-Cui ÇA VOULAIT DIRE **OUI**.
SNIIIIIIIIIFF !
NON

Fa-Fe-Fi-Fo-Fu
famille-fer-fil-
fossé-fumée
478

493
© QUINO

J'AI ENTENDU DIRE QUE LE PRINTEMPS C'ÉTAIT LA SAISON DE L'AMOUR. TU CROIS QUE C'EST VRAI ?
496
© QUINO
OUI. JE CROIS QUE LE PRINTEMPS, C'EST LA SAISON DE L'AMOUR.

Cet homme est fort
Cette fille, c'est Fanny
Ce garçon, c'est Fidel...
CE GARÇON EST UN COMMUNISTE!

AH, C'EST INCONTESTABLE! LE PRINTEMPS A LE SENS DE LA PUBLICITÉ.
QUINO

ALORS ÇA VEUT DIRE QU'IL FAUT ARCHIVER NOS COLÈRES JUSQU'A' L'ÉTÉ !?
QUINO

497
...ROCKEFELLER A DONNÉ À CETTE AFFAIRE UN ESSOR INÉGALABLE...
© QUINO

498
MA MÈRE A AUSSI DE TRÈS BELLES PLANTES GRASSES, AUSSI BELLES QUE CELLE-LÀ, MAIS EN PLASTIQUE...
EN PLASTIQUE!
© QUINO
ALORS, CE N'EST PAS COMPARABLE, MIGUELITO! LE PLAS-TIQUE EST FROID, SANS VIE, SANS GRÂCE. À CÔTÉ DE LA NATURE, CE N'EST RIEN!

499
QUELLE POISSE! IL FALLAIT QU'ON VIVE À LA MÊME ÉPOQUE QUE LES CHINOIS!
© QUINO
MAIS, MAFALDA, LES CHINOIS ONT TOUJOURS EXISTÉ!

QUINO
J'AI ENTENDU PARLER DE ROCKEFELLER ET ÇA M'A REMPLI LES POCHES D'ENVIE !

QUINO
MONTREZ-MOI UN JOUET EN PLANTE GRASSE ET APRÈS ON DISCUTERA.

OUI, MAIS...
...CEUX D'AVANT SE CONTENTAIENT DE FAIRE DES PROVERBES!
QUINO

500
JE ME DEMANDE POURQUOI J'AI ÉCOUTÉ CE BULLETIN D'INFORMATIONS.
POURQUOI ? QU'EST-CE QU'ILS ONT DIT AUX INFORMATIONS ?
© QUINO
QU'UN CONFLIT NUCLÉAIRE NOUS MENACERAIT **TOUS** ! TU TE RENDS COMPTE ? ABSOLUMENT TOUS !

VOUS PENSEZ QUE LA SEULE CHOSE QUI M'INTÉRESSE C'EST LA BOUTIQUE DE MON PÈRE ET QUE JE NE SUIS BON QU'À COMPTER MES SOUS ?
501
© QUINO
EH BIEN, JE TIENS À VOUS PRÉVENIR : JE NE SUIS PAS CE QUE VOUS CROYEZ !

QUAND JE SERAI GRANDE, JE SERAI INTERPRÈTE À L'**O.N.U.**
491
© QUINO
QUAND UN DÉLÉGUÉ DIRA À UN AUTRE DÉLÉGUÉ : *"VOTRE PAYS EST IMMONDE"*, JE TRADUIRAI : *"VOTRE PAYS EST MERVEILLEUX"*. COMME ÇA, PLUS DE CONFLITS...

QUINO
LA VACHE !...
C'EST LA PREMIÈRE FOIS QU'ON PARLE DE MOI À LA RADIO !

RASSURE-TOI, MANOLITO. ICI PERSONNE NE CROIT QUE TU SOIS QUOI QUE CE SOIT.
QUINO

LE MONDE VIVRA EN PAIX.
TOI, TU VAS ME FAIRE LE PLAISIR DE DURER JUSQU'À CE QUE JE SOIS GRANDE... HEIN ?
QUINO

QUAND JE SERAI GRAND JE SERAI COSMONAUTE. PARFAITEMENT !... UN BON COSMONAUTE DOIT SE FAIRE PAS MAL D'ARGENT !
ET PUIS, FLOTTER... PLANER... SE SENTIR SUSPENDU DANS L'AZUR...
502
© QUINO

LE PRINTEMPS, MANOLITO !... LE PRINTEMPS EST ARRIVÉ !
503
© QUINO

TU AS DES PROJETS POUR CE PRINTEMPS, MIGUELITO ?
VIVRE
504
© QUINO

SCHPLAF!
PUPI
COMBIEN TU CROIS QUE PEUT GAGNER UN BON MATELASSIER, MAFALDA ?

ET ALORS?
QUI AURAIT PU S'ATTENDRE À UNE TELLE QUESTION ?
CES JEUNES, ÇA PLANIFIE TOUT !

"Ne remets pas à demain ce que tu peux faire le jour même."
© QUINO

SMACK!
TIC!
TIENS, MAFALDA. LIS "LE PETIT POUCET", C'EST BIEN PLUS DE TON ÂGE !
Le Petit Poucet
© QUINO

JE VAIS M'AMUSER À FAIRE PEUR À MAFALDA AVEC CETTE ARAIGNÉE DE CAOUTCHOUC.
© QUINO
507
TU SAIS CE QUE J'AI ?

AÏE !... SI LES CHINOIS LISAIENT CELA...
"... et dans le noir, croyant toucher le Petit Poucet et ses frères, l'ogre tua ses propres filles..."
LE Petit Poucet
ÇA ALORS ! JE CROYAIS QU'À N'IMPORTE QUEL ÂGE, UN BAISER VALAIT MIEUX QU'UN ASSASSINAT.
QUINO
EH BIEN, JE N'AVAIS JAMAIS OSÉ TE LE DIRE, MAIS, D'APRÈS MOI, TU AS LES DENTS QUI AVANCENT, ET LA FIGURE ALLONGÉE, ET PUIS TU N'AS PAS BEAUCOUP DE CARACT...

506
BANG!
ACHHHH!
TA TA TA TA TA!
OUUUG!
ACHHH!
UUUCH!
© QUINO

ET TOI, MANOLITO? TU AS DE MEILLEURES NOTES QUE LA FOIS DERNIÈRE, OU NON?
510
EH BIEN, ON DIRAIT QUE LA MAÎTRESSE SE SENT COMME UNE SYMPATHIE COMMERCIALE POUR MOI...
© QUINO

511
QU'EST-CE QUI T'ARRIVE, FELIPE?
C'EST TERRIBLE! J'AI UNE DENT QUI BOUGE, REGARDE!
OH, MONTRE!
© QUINO

BANG! BANG!
HEEEEY!!
ACHHH!
BON DIEU, C'EST ÉVIDENT! MON PÈRE AURAIT DÛ OUVRIR UN SERVICE DE POMPES FUNÈBRES À LA PLACE D'UNE ÉPICERIE!
QUINO
SYMPATHIE COMMERCIALE? QU'EST-CE QUE TU VEUX DIRE ?
QUINO
PLUS ÇA VA, PLUS ELLE ME FAIT DES **RÉDUCTIONS**.
QUINO
QU'EST-CE QUE T'EN DIS?
CE N'EST PAS LE MOMENT QUE TU FASSES UN SPOT PUBLICITAIRE POUR UNE MARQUE DE COLLE.

EXPLIQUE-MOI CE QUI SE PASSE AVEC LES DENTS DE LAIT, MAMAN! ELLES TOMBENT TOUTES D'UN COUP?
VLAN!
© QUINO
515
NON, MAFALDA, IL EN TOMBE D'ABORD UNE...

NE T'EN FAIS PAS POUR CETTE DENT QUI BOUGE! QUAND ELLE TOMBERA, TU LA METTRAS SOUS TON OREILLER, ET LE LENDEMAIN MATIN, TU TROUVERAS LA PIÈCE QUE T'AURA APPORTÉE LA PETITE SOURIS.
512
© QUINO
UNE PETITE SOURIS? QUI M'APPORTERA UNE PIÈCE? À MOI?
OUAIS

TU AS FAIT LE DESSIN DE LA VACHE QUE NOUS A DEMANDÉ LA MAÎTRESSE, MANOLITO?
BIEN SÛR
520
© QUINO
C'EST RESSEMBLANT?
BOF... EUH... À VRAI DIRE...

QUELQUES SEMAINES APRÈS, UNE AUTRE...
ET PUIS, ENSUITE, UNE AUTRE...
MON DIEU! EST-CE QUE JE SAURAI SUPPORTER CE LONG STRIP-TEASE DE MES GENCIVES?

CE SONT DES ANIMAUX BIEN SYMPATHIQUES LES SOU...
C'EST HORRIBLE! JE VIENS D'APPRENDRE A' DÉTESTER LES PROBLÈMES ÉCONOMIQUES.

JE SAIS CE QU'ILYA! COMME JE N'AVAIS PAS DE VACHE SOUS LA MAIN, JE N'AI PAS PU FAIRE EXACTEMENT UNE VACHE, MAIS...
...SON "PORTRAIT-ROBOT"!

J'AI UNE DENT QUI BOU-GE, TU VOIS ? QUAND ELLE TOMBERA, JE LA METTRAI SOUS MON OREILLER ET LA PETITE SOURIS ME DONNERA UNE PIÈCE.
UNE PIÈCE ? SANS RIRE ! ET DANS COMBIEN DE TEMPS ELLE VA TOMBER TA DENT ?
HEU... JE SAIS PAS. DANS QUELQUES JOURS.
513
© QUINO

516
ET VOILÀ ! POUR FINIR, ELLE EST TOMBÉE, MA FICHUE DENT DE LAIT.

CETTE HISTOIRE DE DENTS DE LAIT, C'EST UN MYSTÈRE !
514
ELLES SONT PAS BONNES MES DENTS ? ÇA SERT À QUOI DE LES CHANGER ?
© QUINO

DES JOURS? ÇA NE VA PAS! PLUS TÔT NOUS LA FERONS TOMBER, MOINS ELLE SE DÉVALUERA!
INUTILE... LES PEUREUX N'ENTENDRONT JAMAIS RIEN AUX AFFAIRES.
QUINO
CE QU'IL NE SAIT PAS, C'EST QU'IL A PERDU LA MOITIÉ DE SA PERSONNALITÉ.
QUINO
À QUOI ÇA SERT DE CHANGER DES CHOSES QUI NE SONT PAS USÉES?
ET EN PLUS...
LA SITUATION N'EST PAS SI BRILLANTE QU'ON PUISSE GASPILLER SES DENTS!
QUINO

"...QUI ENVOYA UN VIOLENT COUP DE POING AU GARDIEN DE BUT DEVANT L'INDIFFÉRENCE DE L'ARBITRE, QUI NE SIFFLA PAS LE COUP FRANC..."
509
COMMENT PEUT-ON LAISSER PASSER DES TRUCS COMME ÇA! C'EST RÉVOLTANT!

LES MAINS EN L'AIR! AU NOM DE LA LOI!
518
AH, LES LOIS! UN DÉSASTRE DEPUIS DEUX ANS QU'ON NOUS PARLE D'AUGMENTER LES PENSIONS! TU PARLES D'UNE LOI!

J'AI UNE RÉDACTION À FAIRE SUR LA VACHE. QU'EST-CE QUE TU PENSES QU'ON POURRAIT DIRE, MIGUELITO?
519
LA VACHE VIT DANS LE CHAMP, OÙ ELLE MANGE DE L'HERBE, ENCORE DE L'HERBE, ET... BEAUCOUP D'HERBE.

"LE NOMBRE DES ENFANTS ABANDONNÉS ET MAL NOURRIS NE CESSE D'AUGMENTER"!
JE SUIS D'ACCORD AVEC TOI ! C'EST RÉVOLTANT ! AH, SI TOUT LE MONDE POUVAIT RÉAGIR COMME TOI !

C'EST UNE BELLE INJUSTICE, LA LOI !
TU PEUX LES BAISSER, ILS ONT ROMPU LE CHARME.
QUINO

APRÈS, LA VACHE VIENT EN VILLE, ET C'EST NOUS QUI LA MANGEONS - ET VOILA' !
C'EST-À-DIRE QUE, D'APRÈS TOI, LA VACHE N'EST QU'UN INTERMÉDIAIRE ENTRE L'HERBE ET NOUS ?
QUINO

JE CROIS TOUT DE MÊME QUE LA MAÎTRESSE VA AIMER MON DESSIN. ELLE N'EST PAS SI MAL, MA VACHE. ON VOIT BIEN QUE C'EST UNE VACHE, NON?
521
VUE D'ICI... HEIN. QU'EST-CE QUE T'EN DIS?

ENFANTS! QUEL CADEAU POUR LA FÊTE DES MÈRES?
¡PENSEZ-Y! LA BOUT
IQUE DON MANOLO
VOUS SUGGÈRE UN
GRAND CHOIX DE
SAVON, SERPIL-
LIÈRES, ETC...

ÉCOUTE LA JOLIE PHRASE QUE JE VIENS DE LIRE, MANOLITO:
"SI LA NUIT, TU PLEURES LE SOLEIL, TES LARMES T'EMPÊCHERONT DE VOIR LES ÉTOILES".

C'EST BEAU! C'EST DE TOI CE JOLI DESSIN, MANOLITO?
OUAIS!
ON T'A AIDÉ, OU C'EST TOI QUI AS TROUVÉ L'IDÉE DE FAIRE CE MONUMENT AU CLAIR DE LUNE ?

N'OUBLIEZ PAS. UNE MÉRES FATIGUÉE COGNE MOINS FORT.
ET QUAND TU REÇOIS LA FESSÉE À MIDI, ALORS ?

HOLÀ! QUI VA LÀ?
MOI! JE SUIS DANS MON BAIN!
© QUINO
523
QUI ÇA MOI? AH, C'EST TOI, MAMAN?
BIEN SÛR. QUI VOULAIS-TU QUE CE SOIT?

...ET MALGRÉ L'INCOMPRÉHENSION GÉNÉRALE, CHRISTOPHE COLOMB CONTINUAIT D'AFFIRMER QUE LA TERRE ÉTAIT RONDE.
524
QUINO

SCOTLAND YARD
RONDE! QUEL IDIOT!

# Humour J'ai lu BD

| | |
|---|---|
| BINET | **Les Bidochon-1/Roman d'amour** (BD 4, **3★**) |
| | **Les Bidochon-2/En vacances** (BD 48, **3★**) |
| | **Les Bidochon-3/... En HLM** (BD 104, **3★**) |
| | **Les Bidochon-4/Maison, sucrée maison** (BD 121, **3★**) |
| | **Kador/Tome 1** (BD 27, **3★**) |
| | **Kador/Tome 2** (BD 88, **3★**) |
| BRETECHER | **Les Gnangnan** (BD 5, **2★**) |
| BRIDENNE | **Saison des amours** (BD 65, **4★** couleur) • |
| BROWNE | **Hägar Dünor le Viking-1** (BD 66, **3★**) |
| BRUNEL | **Pastiches-1/École franco-belge** (BD 46, **5★** couleur) • |
| | **Pastiches-2/École américaine** (BD 115, **5★** couleur) • |
| COLLECTIF | **Baston, la ballade des baffes** (BD 136, **4★** couleur) |
| ÉDIKA | **Débiloff profondikoum** (BD 38, **3★**) • |
| FRANQUIN | **Idées noires** (BD 1, **3★**) |
| | **Gaston-1/Gala de gaffes** (BD 17, **3★** couleur) |
| | **Gaston-2/Gaffes à Gogo** (BD 39, **3★** couleur) |
| | **Gaston-3/Le bureau des gaffes** (BD 70, **3★** couleur) |
| | **Gaston-4/Gaffes en gros** (BD 100, **3★** couleur) |
| | **Gaston-5/Gare aux gaffes** (BD 126, **3★** couleur) |
| GOTLIB | **Pervers Pépère** (BD 8, **3★**) • |
| | **Rhââ Lovely-1** (BD 21, **3★**) • |
| | **Rhââ Lovely-2** (BD 55, **3★**) • |
| | **Rhââ Lovely-3** (BD 131, **3★**) • |
| | **Superdupont** (BD 33, **3★**) |
| | **Gai-Luron-1** (BD 43, **3★**) |
| | **Gai-Luron-2** (BD 75, **3★**) |
| | **Hamster Jovial** (BD 83, **2★**) • |
| | **Dans la joie jusqu'au cou** (BD 93, **3★**) • |
| HART | **B.C.-1** (BD 79, **3★**) |
| | **Le magicien d'Id-1** (BD 95, **3★**) |
| LELONG | **Carmen Cru-1/Rencontre du 3e âge** (BD 14, **3★**) |
| | **Carmen Cru-2/La dame de fer** (BD 64, **3★**) |
| | **Carmen Cru-3/Vie et mœurs** (BD 119, **3★**) |
| MANDRYKA | **Le Concombre masqué-1** (BD 110, **4★** couleur) |
| McMANUS | **La famille Illico** (BD 73, **3★**) |
| MORCHOISNE | **Ces Grandes Gueules...** (BD 16, **4★** couleur) |
| MORDILLO | **Les meilleurs dessins d'Opus** (BD 10, **4★** couleur) |
| ONC'RENAUD | **La bande à Renaud** (BD 76, **4★** couleur) |
| PÉTILLON | **Mr Palmer et Dr Supermarketstein** (BD 13, **5★** couleur) |
| | **Jack Palmer/La dent creuse** (BD 78, **5★** couleur) |
| QUINO | **... Panorama** (BD 90, **2★** couleur) |
| SERRE | **Les meilleurs dessins** (BD 6, **5★** couleur) • |
| | **Humour noir** (BD 35, **5★** couleur) • |
| | **A tombeau ouvert** (BD 86, **5★** couleur) • |
| VAN DEN BOOGAARD | **Léon-la-Terreur** (BD 45, **5★** couleur) • |
| | **Léon-la-Terreur atteint des sommets** (BD 118, **5★** couleur) • |
| VEYRON | **L'amour propre** (BD 7, **5★** couleur) • |
| | **Bernard Lermite** (BD 50, **3★**) • |
| WALKER | **Beetle Bailey-1** (BD 102, **3★**) |
| YOUNG | **Blondie** (BD 87, **3★**) |

# Aventures & fictions

| | |
|---|---|
| ADAMOV & COTHIAS | **Les Eaux de Mortelune-1** (BD 109, **5★** couleur) • |
| AUTHEMAN | **Vic Valence-1/Une nuit chez Tennessee** (BD 41, **4★** couleur) |
| BERNET & ABULI | **Torpedo-1/Tuer c'est vivre** (BD 25, **2★**) • |
| | **Torpedo-2/Mort au comptant** (BD 113, **2★**) • |
| BOUCQ | **Les pionniers de l'aventure humaine** (BD 34, **6★** couleur) |
| CAILLETEAU & VATINE | **Fred et Bob-1/Galères Balnéaires** (BD 108, **4★** couleur) |
| CHARLES | **Les pionniers du Nouveau Monde-1** (BD 103, **4★** couleur) |
| CEPPI | **Stéphane-1/Le guêpier** (BD 116, **5★** couleur) |
| COMÈS | **Silence** (BD 12, **5★**) |
| | **La belette** (BD 99, **5★**) |
| COTHIAS & JUILLARD | **Les 7 vies de l'épervier-1** (BD 77, **4★** couleur) • |
| | **Les 7 vies de l'épervier-2** (BD 144, **4★** couleur) • juillet 89 |
| DERMAUT & BARBET | **Les Chemins de Malefosse-1** (BD 19, **5★** couleur) • |
| | **Les Chemins de Malefosse-2** (BD 71, **5★** couleur) • |
| | **Les Chemins de Malefosse-3/La vallée** (BD 129, **5★** couleur) • |
| DETHOREY | **Louis La Guigne-1** (BD 97, **4★** couleur) |
| DRUILLET | **Les 6 voyages de Lone Sloane** (BD 60, **5★** couleur) |
| | **Vuzz** (BD 94, **3★**) |
| DRUILLET & DEMUTH | **Yragaël ou la fin des temps** (BD 122, **5★** couleur) |
| FALK & DAVIS | **Mandrake le magicien** (BD 58, **4★** couleur) |
| FOREST | **Barbarella** (BD 49, **5★** couleur) • |
| FOREST & TARDI | **Ici même** (BD 62, **6★**) |
| FRED | **Magic Palace Hôtel** (BD 72, **4★**) |
| GIARDINO | **Sam Pezzo-1** (BD 15, **3★**) |
| LIBERATORE | **RanXerox à New York** (BD 3, **5★** couleur) • |
| MAKYO & VICOMTE | **Balade au Bout du monde-1** (BD 59, **5★** couleur) |
| | **Balade au Bout du monde-2** (BD 130, **5★** couleur) |
| PRATT | **La ballade de la mer salée** (BD 11, **6★**) |
| | **Sous le signe du Capricorne** (BD 63, **6★**) |
| | **Ernie Pike** (BD 85, **4★** ) |
| | **Corto toujours un peu plus loin** (BD 127, **6★**) |
| RAYMOND | **Flash Gordon** (BD 47, **5★** couleur) |
| SCHETTER | **Cargo-1/L'écume de Surabaya** (BD 57, **5★** couleur) • |
| SEGRELLES | **Le mercenaire-1/Le feu sacré** (BD 32, **4★** couleur) |
| | **Le mercenaire-2/La formule** (BD 124, **4★** couleur) |
| SERVAIS & DEWAMME | **Tendre Violette** (BD 42, **5★**) • |
| SOKAL | **Canardo-1/Le chien debout** (BD 26, **5★** couleur) |
| | **Canardo-2/La marque de Raspoutine** (BD 89, **5★** couleur) |
| TARDI | **Adèle Blanc-Sec-1/Adèle et la Bête** (BD 18, **4★** couleur) |
| | **Adèle Blanc-Sec-2/Le démon...** (BD 56, **4★** couleur) |
| | **Adèle Blanc-Sec-3/Le savant fou** (BD 120, **4★** couleur) |
| TARDI & MALET | **Brouillard au pont de Tolbiac** (BD 36, **4★**) |

• Lecteurs avertis

# Junior J'ai lu BD

| | |
|---|---|
| ARNAL | **Pif le chien-1** (BD 81, **4★** couleur) |
| | **Pif le chien-2** (BD 107, **4★** couleur) |
| | **Pif le chien-3** (BD 135, **4★** couleur) |
| DELINX & GODARD | **La jungle en folie-1** (BD 117, **4★** couleur) |
| | **La jungle en folie-2** (BD 133, **4★** couleur) juillet 89 |
| FRANQUIN | **Spirou et Fantasio-1/L'ombre du "Z"** (BD 141, **6★** couleur) |
| HERMANN & VERNAL | **Jugurtha-1/Le lionceau des sables** (BD 53, **5★** couleur) |
| | **Jugurtha-2/Le casque celtibère** (BD 114 **5★** couleur) |
| LELOUP | **Yoko Tsuno-1/Le trio de l'étrange** (BD 37, **5★** couleur) |
| | **Yoko Tsuno-2/La forge de Vulcain** (BD 67, **5★** couleur) |
| | **Yoko Tsuno-3/La frontière de la vie** (BD 96, **5★** couleur) |
| | **Yoko Tsuno-4/Message pour l'éternité** (BD 125, **5★** couleur) |
| MACHEROT | **Chlorophille contre les rats noirs** (BD 51, **4★** couleur) |
| MARTIN | **Alix/Les légions perdues** (BD 68, **6★** couleur) |
| | **Jhen-1/Les écorcheurs** (BD 106, **5★** couleur) |
| MARTIN & CHAILLET | **Lefranc-1/Les portes de l'enfer** (BD 82, **5★** couleur) |
| | **Lefranc-2/L'oasis** (BD 138, **5★** couleur) |
| QUINO | **Mafalda-1** (BD 2, **4★** couleur) |
| | **Encore Mafalda !-2** (BD 54, **4★** couleur) |
| | **Mafalda-3** (BD 134, **4★** couleur) |
| ROSINSKI & VAN HAMME | **Thorgal-1/La magicienne trahie** (BD 29, **5★** couleur) |
| | **Thorgal-2/L'île des mers gelées** (BD 74, **5★** couleur) |
| | **Thorgal-3/Les trois vieillards...** (BD 98, **5★** couleur) |
| | **Thorgal-4/La galère noire** (BD 123, **5★** couleur) |
| STEVENS | **Rocketeer** (BD 91, **5★** couleur) |
| TABARY | **L'enfance d'Iznogoud** (BD 9, **5★** couleur) |
| TILLIEUX | **Gil Jourdan-1/Libellule s'évade** (BD 28, **4★** couleur) |
| | **Gil Jourdan-2/Popaïne...** (BD 69, **4★** couleur) |
| | **Gil Jourdan-3/La voiture immergée** (BD 112, **4★** couleur) |
| | **Gil Jourdan-4/Les cargos du crépuscule** (BD 145, **4★** couleur) juillet 89 |
| WALTHÉRY | **Natacha-1/Hôtesse de l'air** (BD 22, **4★** couleur) |
| | **Natacha-2/... et le Maharadjah** (BD 52, **4★** couleur) |
| | **Natacha-3/La mémoire de métal** (BD 101 **4★** couleur) |
| | **Natacha-4/Un trône pour Natacha** (BD 132, **4★** couleur) |
| WEYLAND | **Aria-1/La fugue d'Aria** (BD 40, **5★** couleur) |
| | **Aria-2/La montagne aux sorciers** (BD 84, **5★** couleur) |

## Adulte J'AI LU BD

| | |
|---|---|
| BARBE | **Cinémas et autres choses** (BD 30, **2★**) |
| BEAUNEZ | **Mes partouzes** (BD 24, **3★**) |
| GILLON | **La survivante** (BD 111, **6★** couleur) |
| LAUZIER | **Zizi et Peter Panpan** (BD 23, **5★** couleur) |
| LOB & PICHARD | **Blanche Épiphanie** (BD 61, **4★**) |
| | **Blanche Épiphanie-2/La déesse blanche** (BD 137, **5★**) |
| MALLET | **Les petits hommes verts** (BD 44, **4★** couleur) |
| MANARA | **HP et Giuseppe Bergman** (BD 20, **5★**) |
| | **Le déclic** (BD 31, **4★**) |
| | **Le parfum de l'invisible** (BD 105, **4★**) |
| | **Jour de colère** (BD 128, **6★**) juillet 89 |

Imprimé par Canale à Turin
le 10 mai 1989.
Dépôt légal juin 1989. ISBN 2-277-33134-1
Imprimé en Italie

134

J'ai lu BD / Éditions J'ai lu
27, rue Cassette 75006 Paris

Diffusion France et étranger : Flammarion